BEI GRIN MACHT SICH IHR WISSEN BEZAHLT

Bibliografische Information der Deutschen Nationalbibliothek:

Die Deutsche Bibliothek verzeichnet diese Publikation in der Deutschen National-
bibliografie; detaillierte bibliografische Daten sind im Internet über http://dnb.d-
nb.de/ abrufbar.

Impressum:

Copyright © 2019 GRIN Verlag
Druck und Bindung: Books on Demand GmbH, Norderstedt Germany
ISBN: 9783346143785

Dieses Buch bei GRIN:

https://www.grin.com/document/520748

Anonym

Wie kann man Sportstätten nachhaltig und langfristig nutzbar planen? Management und Planung von Sportanlagen

GRIN Verlag

GRIN - Your knowledge has value

Der GRIN Verlag publiziert seit 1998 wissenschaftliche Arbeiten von Studenten, Hochschullehrern und anderen Akademikern als eBook und gedrucktes Buch. Die Verlagswebsite www.grin.com ist die ideale Plattform zur Veröffentlichung von Hausarbeiten, Abschlussarbeiten, wissenschaftlichen Aufsätzen, Dissertationen und Fachbüchern.

Besuchen Sie uns im Internet:

http://www.grin.com/

http://www.facebook.com/grincom

http://www.twitter.com/grin_com

Deutsche Hochschule für

Prävention und Gesundheitsmanagement

Hermann Neuberger Sportschule 3

66123 Saarbrücken

Einsendeaufgabe

Fachmodul:	Sportanlagen- und Sportstättenmanagement
Studiengang:	BSÖ
Datum **Präsenzphase:**	20.05.2019 - 23.05.2019
Studienort:	**Stuttgart**
Semester:	**WS16**

Inhaltsverzeichnis

Sportanlagen- und Sportstättenbau

1.1 Grafische Darstellung der Schritte beim Bau einer Sportstätte

Beim Bau einer Sportstätte handelt es sich um ein Projekt, da es durch seine Einmaligkeit und Komplexität in Bezug auf den Umfang der Planung und der eigenen Projektorganisation gekennzeichnet ist (Kuster, et al., 2011, S. 5). Des Weiteren lässt sich ein Projekt durch eine begrenzte Dauer und eine exakt definierte Zielsetzung nach Inhalt, Ausmaß und Zeit definieren (Olfert, 2008, S. 13 f.). Bei einem Projekt stehen die drei Parameter Leistung, Zeit und Ressourcen im Vordergrund. Diese müssen in der Projektsteuerung genauestens betrachtet und möglichst vereint werden. Man spricht hierbei auch vom magischen Dreieck der Projektsteuerung (Bea, Scheurer, & Hesselmann, 2011, S. 41). Ein Projekt wird in vier verschiedene Phasen unterteilt. Die Projektdefinition bildet die Grundlage für das folgende Projekt, wobei zum einen die Projektvorbereitung, die Zielpräzisierung und das Projektdesign näher betrachtet werden (Burghardt, 2013, S. 27). Die Projektplanung ist die nächste und auch wichtigste Phase im gesamten Projekt. Sie befasst sich mit der Struktur- und Aufgabenplanung, der Personalplanung, der Terminplanung sowie mit weiteren ergänzenden Planungen (Olfert, 2008, S. 85). Die Projektdurchführung und die Projektkontrolle beziehungsweise der Projektabschluss sind die zwei letzten Phasen des Projekts (Bea, Scheurer, & Hesselmann, 2011, S. 39). Im Folgenden werden die Projektplanung und die erforderlichen Schritte beim Bau einer Sportstätte systematisch und logisch aufeinander aufbauend dargestellt.

Tab. 1: Projektplanung beim Bau einer Sportstätte

	Vorgang	Zeitbedarf (Monate)	Vorgänger	Nachfolger
A	Markt- und Bedarfsanalyse	2	-	BC
B	Standortwahl	1	A	D
C	Sportverhaltens- und Nutzeranalyse	3	A	D
D	Raumprogramm und Funktionsanalyse	1	BC	E
E	Konzeptualisierung mit Kostenschätzung und Betriebskostenanalyse	4	D	F
F	Machbarkeit und Finanzierung klären	6	E	G
G	Planung und Festlegung der Baudetails	8	F	H
H	Realisierung des Baus	14	G	I
I	Betrieb der Sporthalle	>12	H	-

Im Folgenden werden die einzelnen Schritte des Baus einer Sportstätte und deren Abhängigkeiten durch das PLANNET-Diagramm und die Netzplantechnik dargestellt.

1.1.1 PLANNET-Diagramm

Bei der PLANNET-Technik zeigen horizontale Striche die Dauer der einzelnen Vorgänge an. Außerdem werden durch senkrechte verbindende Striche die terminliche Abhängigkeit der einzelnen Vorgänge, sowie durch nicht ausgefüllte Bereiche, wie bei Vorgang B, die ermittelte Pufferzeit dargestellt (Olfert, 2008, S. 105).

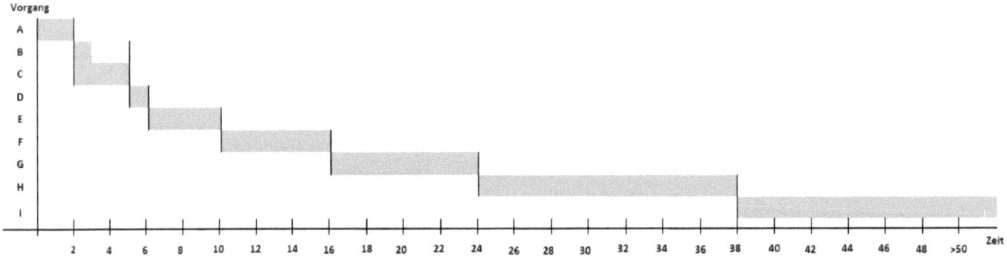

Abb. 1: Projektterminierung beim Bau einer Sportanlage durch die PLANNET-Technik (modifiziert nach Olfert, 2006)

3

1.1.2 Netzplantechnik

Die Netzplantechnik wird vor allem bei komplexeren Projekten verwendet. Durch Knotenpunkte werden Zeitpunkte und durch die Pfeile die einzelnen Arbeitsvorgänge dargestellt. Durch den roten gestrichelten Pfeil wird ein sogenannter Scheinvorgang dargestellt und die damit einhergehende Pufferzeit einberechnet. Die Vorteile dieser Technik liegen vor allem in der relativ einfachen und leichten Anwendbarkeit (Wöhe & Döring, 2010).

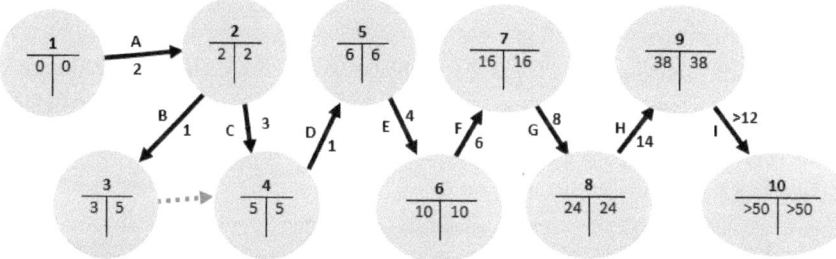

Abb. 2: Projektterminierung beim Bau einer Sportanlage durch die Netzplantechnik (modifiziert nach Birker, 1997)

Beide Diagramme zeigen deutlich auf, dass mit dem Betrieb der Sportanlage frühestens nach Vorgang H also nach 38 Monaten begonnen werden kann.

2 Kommunale Sportentwicklungsplanung

2.1 Grundformel zur Berechnung des Sportstättenbedarfs

Die Grundformel zur Berechnung des Sportstättenbedarfs findet sich im Memorandum zur kommunalen Sportentwicklungsplanung wieder. Hierbei handelt es sich um eine Grundlage von wissenschaftsrelevanten Aspekten der Sportentwicklungsplanung (Rütten, et al., 2010, S. 4). Das Memorandum unterteilt sich in eine konkrete Bestandsaufnahme und die damit einhergehenden Analysen von Datenbeständen der Kommunalverwaltung, zum lokalen Sportverhalten, der bestehenden kommunalen Sporträume, der Sportvereine und anderer Sportanbieter, sowie der Finanzierung und Förderung des Sports. Des Weiteren erfolgt eine Bedarfsbestimmung in Form einer Ist- und Soll-Analyse. Es wird hierbei auf drei Ansätze zurückgegriffen. Die richtwertbezogene Bedarfsbestimmung, die anhand von Richtwerten ermittelt wird. Dieser Ansatz beruht jedoch nicht auf empirischen Daten, sondern lediglich auf Schätzungen von Experten. Aus diesem Grund ist dieser Ansatz nicht mehr aktuell (Rütten, et al., 2010, S. 23). Einen weiteren Ansatz bildet die sportverhaltensorientierte Bedarfsbestimmung, die anhand einer empirischen Untersuchung ermittelt wird. Hierbei werden die Grundformel zur Berechnung des Sportstättenbedarfs und die damit verbundenen Parameter berücksichtigt (Rütten, et al., 2010, S. 24). Die kooperative Bedarfsbestimmung bildet den dritten Ansatz und erfolgt durch Zusammenarbeit von späteren Nutzern, politischen Entscheidungsträgern und Experten (Rütten, et al., 2010, S. 25). Anschließend erfolgen die Zielbestimmung und die Maßnahmenentwicklung. Hierbei gibt es keine einheitlichen Vorgaben, sondern es bedarf der selbstständigen Gestaltung der Kommunen (Rütten, et al., 2010, S. 28 ff.). Die letzten Schritte im Memorandum sind die Beteiligungs- und Abstimmungsprozesse. Diese Prozesse sind für eine Sportentwicklungsplanung unumgänglich um die Planung zukunftsfähig zu halten (Rütten, et al., 2010, S. 33). Die Grundformel zur Berechnung des Sportstättenbedarfs wird in der sportverhaltensorientierten Bedarfsbestimmung verwendet und verknüpft die Parameter Sportbedarf, bestehend aus Sportler, Häufigkeit und Dauer, den Zuordnungsfaktor, die Belegungsdichte, die Nutzungsdauer und den Auslastungsfaktor. Die Grundform der Formel ist in der folgenden Abbildung dargestellt.

$$\text{Sportstättenbedarf (in AE)} = \frac{\text{Sportbedarf x Zuordnungsquote}}{\text{Belegungsdichte x Nutzungsdauer x Auslastungsquote}}$$

Abb. 3: Grundformel zur Berechnung des Sportstättenbedarfs (Bundesinstitut für Sportwissenschaft, 2000, S.75)

Der Sportbedarf ist der zeitliche Umfang der gesamten sportlichen Aktivitäten und setzt sich aus den Sportlern, der Häufigkeit und der Dauer zusammen. Unter dem Begriff Sportler fallen die Einwohner einer Kommune, die eine oder mehrere sportliche Aktivitäten ausüben. Für die Häufigkeit wird als Bezugszeitraum eine Woche herangezogen. Für die Dauer wird die Zeit in Stunden einer Einheit beziehungsweise die Dauer pro Ausübung der Sportart verwendet. Für beide Parameter wird der Durchschnittswert verwendet. Der Zuordnungsfaktor beziehungsweise die Zuordnungquote grenzt den Anteil an Sportgelegenheiten vom Sportbedarf aus, da diese für die Sportstättenbedarf nicht relevant sind. Die Belegungsdichte zeigt die Anzahl an Sportlern pro Anlageeinheit auf. Die Nutzungsdauer gibt den Zeitumfang, in der Sportanlagen genutzt werden können in Stunden pro Woche wieder. Der Auslastungsfaktor berücksichtigt in der Berechnung gar nicht genutzte, untergenutzte oder übermäßig genutzte Sportanlagen (Bundesinstitut für Sportwissenschaft, 2000, S. 73 ff.).

2.2 Berechnung des Sportstättenbedarfs

Anhand der untenstehenden Daten und der obenstehenden Formel werden im Folgenden der Sportbedarf und der Auslastungsfaktor der Stadt Mannheim berechnet.

Tab. 2: Kennzahlen zur Berechnung des Sportstättenbedarfs der Stadt Mannheim

Sportler	24000
Häufigkeit (pro Woche)	1,5
Dauer (Stunden/Einheit)	1,8
Zuordnungsfaktor	0,5
Sportstättenbedarf	70
Belegungsdichte	25
Nutzungsdauer (Stunden/Woche)	30

2.2.1 Berechnung des Sportbedarfs

Der Sportbedarf bildet sich aus dem Produkt von Sportler, Häufigkeit und Dauer. Demnach ergibt sich die folgend dargestellte Formel.

Sportbedarf = Sportler x Häufigkeit x Dauer

Abb. 4: Formel zur Berechnung des Sportbedarfs

Durch das Einsetzen der bekannten Werte für Sportler, Häufigkeit und Dauer ergibt sich der konkrete Sportbedarf von 64800.

Sportbedarf = 24000 x 1,5 x 1,8 = 64800

Abb. 5: Berechnung des Sportbedarfs

2.2.2 Berechnung des Auslastungsfaktors

Nach Umstellung der oben dargestellten Grundformel zur Berechnung des Sportstättenbedarfs nach dem Auslatungsfaktor ergibt sch die folgende Formel.

$$\text{Auslastungsfaktor} = \frac{\text{Sportbedarf} \quad \text{x} \quad \text{Zuordnungsfaktor}}{\text{Belegungsdichte} \quad \text{x} \quad \text{Nutzungsdauer} \quad \text{x} \quad \text{Sportstättenbedarf}}$$

Abb. 6: Formel zur Berechnung des Auslastungsfaktors

Durch das Einsetzen der bekannten Werte für Sportbedarf, Zuordnungsfaktor, Belegungsdichte, Nutzugsdauer und Sportstättenbedarf ergibt sich der konkrete Auslastungsfaktor von 0,62 beziehungsweise von 62 Prozent.

$$\text{Auslastungsfaktor} = \frac{64800 \quad \text{x} \quad 0,5}{25 \quad \text{x} \quad 30 \quad \text{x} \quad 70} = \frac{32400}{52500} = 0,62 = 62\,\%$$

Abb. 7: Berechnung des Auslastungsfaktors

2.3 Förderinteressenten

Die in der Aufgabenstellung dargestellte Aussage, dass die Bundesregierung ausschließlich den Spitzensport fördert und die Bundesländer und Kommunen ausschließlich an der Förderung von Spitzensport interessiert sind, ist nicht zutreffend. Das Förderinteresse des Bundes liegt aufgrund der Wichtigkeit für die Bundesregierung im deutschen Spitzensport. Beim Förderinteresse des Bundes gilt grundlegend das Subsidiaritätsprinzip. Dieses besagt, dass zuerst jegliche andere Finanzierungsmöglichkeiten zu verwenden sind, bevor eine finanzielle Unterstützung des Bundes stattfinden kann. Für Instandsetzungs- oder Sanierungsmaßnahmen von Sportanlagen gilt ebenfalls das beschriebene Subsidiaritätsprinzip. Der Breitensport wird demnach durch den Bund nicht gefördert (Bundesministerium des Innern, für Bau und Heimat, 2019). Die Förderinteressen von Bundesländern und Kommunen liegen im Wesentlichen im Breitensport. Unter dem Begriff Breitensport fasst man den Freizeitsport, den Schulsport und den Behindertensport zusammen. Dabei wird vor allem auf Bundesländerebene mit verschiedensten Sportstätten-Förderprogrammen gearbeitet. Da die Sportanlagen für den Spitzensport zu weiten Teilen in den deutschen Bundesländern sind, besitzen diese ebenso ein Interesse an einer Förderung des Spitzensports, um die eigenen Standorte möglichst attraktiv zu halten und zu fördern (Ministerium für Familie, Kinder, Jugend, Kultur und Sport des Landes Nordrhein-Westfalen, 2012). Ein weiteres Förderinteresse besitzen private Investoren. Hierbei wird versucht eine effizientere Realisation von Projekten durch eine langfristige Zusammenarbeit zu erzielen. Eine weitere Möglichkeit besteht auch beim Zurückgreifen auf eine „Public Private Partnership" also eine öffentlich private Partnerschaft (Christen, 2004).

3 Finanzierung und Betrieb von Sportanlagen

3.1 Investition und Finanzierung

Um den Kapitalwert zu berechnen wird die Kapitalwertmethode angewandt. Hierbei wird folgende Formel verwendet.

$$K = -A_0 + \sum_{t=1}^{n} (E_t - A_t)(1 + i)^{-t} + L_n(1+i)^{-n}$$

Abb. 8: Formel zur Berechnung des Kapitalwertes

Die Anschaffungskosten A_0 sind in der Aufgabenstellung gegeben und betragen 3 Millionen Euro (netto). Da es keinen Liquidationserlös in der Aufgabenstellung gibt, kann auf diesen verzichtet werden. Des Weiteren wird für die Kapitalwertmethode die Differenz aus den Summen der Barwerte der Ein- und Auszahlungen benötigt. Die Auszahlungen für den Betrieb und die Instandhaltung belaufen sich auf 100.000 Euro (netto). Diese Auszahlungen steigen in den nächsten fünf Jahren jährlich um drei Prozent. Die Einzahlungen durch Mitgliedsbeiträge, Spieltagseinnahmen und Sponsoringeinnahmen belaufen sich auf 60.000 Euro (brutto). Dies ergibt einen Nettoeinzahlungsbetrag von 50.420,17 Euro (netto). Diese Einzahlungen steigen in den nächsten fünf Jahren jährlich um 15 Prozent. Außerdem stehen auf der Einzahlungsseite die monatlichen Einnahmen von 1.000 Euro (netto) durch den Schulsport. Dadurch belaufen sich die gesamten Einzahlungen durch den Schulsport jährlich auf 12.000 Euro (netto). Die Barwerte ermittelt man durch das Einbeziehen der Kapitalverzinsung von zwölf Prozent. Die nachfolgende Tabelle zeigt die jeweiligen Ein- und Auszahlungen und die dazugehörigen Barwerte sowie deren Differenz für die Laufzeit von fünf Jahren.

Tab. 3: Darstellung der Ein- und Auszahlung und deren Barwerte sowie deren Differenz

Jahr	Einzahlung	Barwert EZ	Auszahlung	Barwert AZ	Differenz BW
1	62.420,17 €	55.732,29 €	- 100.000,00 €	- 89.285,71 €	- 33.553,42 €
2	69.983,19 €	55.790,17 €	- 103.000,00 €	- 82.110,97 €	- 26.320,80 €
3	78.680,67 €	56.003,35 €	- 106.090,00 €	- 75.512,77 €	- 19.509,42 €
4	88.682,77 €	56.359,51 €	- 109.272,70 €	- 69.444,78 €	- 13.085,27 €
5	100.185,19 €	56.847,77 €	- 112.550,88 €	- 63.864,39 €	- 7.016,63 €
Summe					- 99.485,53 €

Die Summe der Differenzen der einzelnen Barwerte ergibt – 99.485,53 Euro (netto). Diese Summe wird nun mit den Anschaffungskosten in die Formel für die Kapitalwertmethode eingefügt. Dies ergibt einen Kapitalwert von -3.099.485,53 Euro (netto).

$$K = -3.000.000 \ \text{€} + (-99.485,53 \ \text{€}) = -3.099.485,53 \ \text{€}$$

Abb. 9: Berechnung des Kapitalwertes

3.2 Auslastungsanalyse einer Sportanlage

Einer Sportanlage bedarf es an einer effizienten Auslastung und einer alternativen Nutzung. Dies ist ausschlaggebend für das wirtschaftliche Bestehen sowie einen sozial fairen Betrieb. Außerdem gilt es einer Falsch-, Unter- und Übernutzung entgegenzuwirken und flexibel auf heutige Anforderungen an Sportstätten reagieren zu können. Um dies gewährleisten zu können, nutzen vor allem die kommerziellen Anbieter Steuerinstrumente, wie Öffnungszeit und den

Preis. Bei der Nutzung einer Sportanlage stehen sich zwei Formen gegenüber. Bei einer programmierten Nutzung werden Sportanlagen regelmäßig und überwiegend zum selben Zeitpunkt genutzt. Im Gegensatz dazu werden Sportanlagen bei einer spontanen Nutzung unregelmäßig und zu wechselnden Zeitpunkten genutzt. Um bei letzterer eine Auslastungsanalyse durchführen zu können, bedarf es einer wöchentlich und stündlichen Erhebung um die Auslastung der Sportanlage möglichst genau und zuverlässig bestimmen zu können. Bei der programmierten Nutzung wird überwiegend mit Belegungsplänen gearbeitet und den verschiedenen Sportgruppen ein entsprechender Nutzungszeitraum zur Verfügung gestellt (Bach, 2004, S. 99). Die Auslastungsanalyse bei einer programmierten Nutzung vergleicht die aktuelle Nutzung einer Sportanlage und setzt diese mit der maximal möglichen Nutzung ins Verhältnis. Dabei werden zwei verschiedene Faktoren berücksichtigt, welche die Auslastung einer Sportanlage analysieren und beeinflussen (Bach, 2011, S. 7). Die Ist-Nutzungsdauer zeigt die tatsächlich genutzten Zeiträume und die Soll-Nutzungsdauer veranschaulicht die Zeiträume die genutzt werden können. Die Ist-Belegungsdichte gibt die Anzahl der gleichzeitig in einen Zeitraum anwesenden Sportler nach Sportart und Leistungsstufe wieder und die Soll-Belegungsdichte zeigt wiederum die mögliche Anzahl an anwesenden Sportlern in einem Zeitraum (Bach, 2004, S. 104). Im Folgenden werden für eine Sportanlage diese Kennzahlen, sowie Ist-Sportler, Soll-Sportler, die Auslastung und die Kapazitätsreserve berechnet.

Tab. 4: Belegungsplan der Sportanlage

Wochentag	Zeitraum	Stunden	Sportart	Belegungsdichte	
				Ist	Soll
Montag	17^{00}-18^{30} Uhr	1,5	Handball	14	12
Dienstag	20^{00}-21^{30} Uhr	1,5	keine Belegung	/	15
Mittwoch	19^{00}-21^{30} Uhr	2,5	Basketball	15	20
Donnerstag	20^{00}-22^{00} Uhr	2	Fußball	18	15
Freitag	19^{00}-20^{00} Uhr	1	Badminton	5	15

Tab. 5: Auslastungsanalyse der Sportanlage

Kennzahlen → Beschreibung der Kennzahlen *Rechenweg*	Auslastung	
	Ist	Soll
Ist-Nutzungsdauer (in h/Woche) → tatsächlich genutzte Zeiträume *Rechenweg: 1,5 + 2,5 + 2 + 1 = 7*	7	
Soll-Nutzungsdauer (in h/Woche) → mögliche zu nutzende Zeiträume *Rechenweg: 1,5 + 1,5 + 2,5 + 2 + 1 = 8,5*		8,5
Ist-Sportler (in Spo) → Summe der Ist-Belegungsdichte *Rechenweg: 14 + 15 + 18 + 5 = 52*	52	
Soll-Sportler (in Spo) → Summe der Soll-Belegungsdichte *Rechenweg: 12 + 15 + 20 + 15 + 15 = 77*		77
Ist-Sportlerstunden (in Spo pro h/Woche) → Summe aus allen Produkten von Ist-Belegungsdichte und Belegungszeitraum (in h) *Rechenweg: (14*1,5) + (15*2,5) + (18*2) + (1*5) = 99,5*	99,5	
Soll-Sportlerstunden (in Spo pro h/Woche) → Summe aus allen Produkten von Soll-Belegungsdichte und Belegungszeitraum (in h) *Rechenweg: (12*1,5) + (15*1,5) + (20*2,5) + (15*2) + (15*1) = 135,5*		135,5
Ist-Auslastung (in %) → (Ist-Sportlerstunden / Soll-Sportlerstunden) * 100 *Rechenweg: (99,5 / 135,5) * 100 = 73,43*	73,43	
Soll-Auslastung (in %) → maximale Nutzungskapazität der Sportanlage		83
Kapazitätsreserve (in %) → Differenz der Soll-Auslastung und der Ist-Auslastung *Rechenweg: 83 – 73,43 = 9,57*	9,57	

3.3 Auslastungsoptimierung

Im Folgenden soll eine Auslastungsoptimierung durchgeführt werden. Hierbei werden die verschiedenen Trainingsgruppen ihre Belegungszeiträume tauschen um eine höhere Ist-Auslastung zu erzielen. Außerdem wird versucht in der Optimierung eine Übernutzung zu vermeiden. Nachstehende Tabelle zeigt einen optimierten Belegungsplan und die Einhaltung der Soll-Belegungsdichte.

Tab. 6: Optimierter Belegungsplan der Sportanlage

Wochentag	Zeitraum	Stunden	Sportart	Belegungsdichte	
				Ist	Soll
Montag	17^{00}-18^{30} Uhr	1,5	Badminton	5	12
Dienstag	20^{00}-21^{30} Uhr	1,5	Handball	14	15
Mittwoch	19^{00}-21^{30} Uhr	2,5	Fußball	18	20
Donnerstag	20^{00}-22^{00} Uhr	2	Basketball	15	15
Freitag	19^{00}-20^{00} Uhr	1	keine Belegung	/	15

Durch das Tauschen der einzelnen Trainingsgruppen verändern sich die Ist-Dauer, die Ist-Sportlerstunden, die Auslastung und die Kapazitätsreserve. Die folgende Tabelle zeigt die neuen Kennzahlen sowie ihre Berechnung.

Tab. 7: Optimierte Auslastungsanalyse der Sportanlage

Kennzahlen *Rechenweg*	Auslastung	
	Ist	Soll
Ist-Nutzungsdauer (in h/Woche) *Rechenweg: 1,5 + 1,5 + 2,5 + 2 = 7,5*	7,5	
Soll-Nutzungsdauer (in h/Woche) *Rechenweg: 1,5 + 1,5 + 2,5 + 2 + 1 = 8,5*		8,5
Ist-Sportler (in Spo) *Rechenweg: 14 + 15 + 18 + 5 = 52*	52	
Soll-Sportler (in Spo) *Rechenweg: 12 + 15 + 20 + 15 + 15 = 77*		77
Ist-Sportlerstunden (in Spo pro h/Woche) *Rechenweg: (5*1,5) + (14*1,5) + (18*2,5) + (15*2) = 103,5*	103,5	
Soll-Sportlerstunden (in Spo pro h/Woche) *Rechenweg: (12*1,5) + (15*1,5) + (20*2,5) + (15*2) + (15*1) = 135,5*		135,5
Ist-Auslastung (in %) *Rechenweg: (103,5 / 135,5) * 100 = 76,38*	76,38	
Soll-Auslastung (in %)		83
Kapazitätsreserve (in %) *Rechenweg: 83 – 76,38 = 6,62*	6,62	

Die neue Ist-Auslastung der Sportanlage ist durch die Auslastungsoptimierung angestiegen. Da bei Sportanlagen eine maximale Auslastung unmöglich ist, wird für diese eine Soll-Auslastung festgelegt. Bei Sportanlagen kann von 75 – 80 Prozent ausgegangen werden (Bach, 2004, S. 110). In dieser Sportanlage liegt die Soll-Auslastung bei 83 Prozent und wird lediglich um 6,62 Prozent nicht erreicht. Demnach ergibt sich für diese Anlage eine relativ hohe Auslastung.

3.4 Nachhaltigkeit von Sportstätten

Im Allgemeinen versteht man im modernen Verständnis unter Nachhaltigkeit die gleichwertige Berücksichtigung von Ökonomie, Ökologie und Sozialen in Bezug auf die Realisation von umwelt- und sozialverträglichen wirtschaftlichen Erfolg (Hauff & Kleine, 2009, S. 17). In Bezug auf Sportanlagen und Sportstätten bezieht sich die Nachhaltigkeit auf die bauliche Infrastruktur, die Nutzung, die Organisation und auf Sportgroßveranstaltungen (Bielzer, 2011, S. 157). Die

13

Nachhaltigkeit bei den Olympischen Spielen einzuplanen, wurde für jeden Ausrichter der Spiele seit 1994 in Lillehammer verpflichtend. Für die Olympischen Spiele 2012 in London wurden Pläne für die Olympischen Spiele und die Zeit danach erstellt, um auch nach den Spielen nachhaltig zu wirtschaften. Arenen wurden teilweise zurückgebaut oder komplett abgebaut, um sie bei späteren Spielen wiederverwenden zu können. Der Ausbau der vorhandenen Infrastruktur spielt im Vorfeld der Spiele eine wichtige Rolle. In London nutzte man die finanziellen Mitteln zur Aufstockung und Erweiterung des überlasteten Nahverkehrs und für neue Fahrrad- und Fußwege. In London wurde im Allgemeinen Wert auf ein Nachhaltigkeitskonzept gesetzt, das auf Klimawandel, Biodiversität, die Abfallentsorgung, soziale Partizipation und ein gesundes Leben basiert. Im Nachhinein wurden einige der gesteckten Ziele des Nachhaltigkeitskonzeptes nicht erreicht. Die neuerbaute Schwimmhalle weist schon vor Beginn der Olympischen Spiele eine katastrophale Klimabilanz auf und das erbaute Olympische Dorf sollte im Anschluss der Spiele für die sozial-schwachen Teile Londons zur Verfügung gestellt werden, allerdings wurde der meiste Teil der erbauten Wohnungen im hochpreisigen Segment verkauft (Grewe, 2012, S. 1 ff.). Des Weiteren fallen während der Olympischen Spiele mehrere Tonnen CO_2 aufgrund der An- und Abreisen der zahlreichen Zuschauer und Fans an. Für die Olympischen Spiele gilt es zusätzliche Parkplätze sowie Fluchtwege und Sammelstellen zu errichten, die weitestgehend im Nachhinein jedoch nicht weiter benutzt werden können (Neuerburg & Wilken, 2010, S. 6). Durch die zahlreichen Zuschauer entsteht zahlreich Müll und Abfall, der ohne ein gezieltes Abfallmanagement nicht bewerkstelligt werden kann. Hierbei werden ebenso sichtbare Folgen und CO_2-Emissionen verursacht, die nicht der Nachhaltigkeit von Sportanlagen entsprechen (Schmied, 2010, S. 10). Demnach sind die nachhaltigsten Olympischen Spiele die, die gar nicht stattfinden.

4 Digitale Vermarktung von Sportanlagen und Sportstätten

Die Digitalisierung in Sportanlagen und Sportstätten schafft neue Möglichkeiten in Bezug auf das Fan-Erlebnis und die Vermarktung. Diese Entwicklung schafft ein neues Erlebnisgefühl durch die verschiedenen Nutzungsmöglichkeiten von neuen Technologien und digitalen Produkten. Neben Herausforderung bietet die Digitale Vermarktung von Sportanlagen vor allem erhebliche Chancen (Pundt, Partecke, & Pauer, 2014, S. 44-45). Im Folgenden werden vier Möglichkeiten der Digitalisierung dargestellt, welche in der Sportanlage des Profihandballclubs umgesetzt werden können. Außerdem wird der Mehrwert für die Betreiber, die Fans und die Sponsoren eingeschätzt und dargestellt.

Tab. 8: Möglichkeiten der digitalen Vermarktung von Sportanlagen und deren Mehrwert

Möglichkeit	Mehrwert Betreiber	Mehrwert Fans	Mehrwert Sponsoren
Virtuelle Werbung	• höhere Einnahmen, durch mehr Sponsorenfläche und dadurch mehr Sponsoren • besserer Verkauf der Werbeflächen, wegen Möglichkeit der zielgruppenbasierten Werbung • Profit von Synergieeffekten durch höhere Sponsorenzahl • Refinanzierungsmöglichkeiten der Banden durch zusätzliche Sponsoringeinnahmen	• sieht nur das was auch seinen Interessen entspricht • Werbung wird im Hintergrund gezeigt und dadurch nicht „aufgedrängt" • Ausländischer Zuschauer sieht Werbung in seiner Sprache • keine Einschränkungen durch Einsatz von digitaler und virtueller Werbung	• zielgruppenbasierte Werbung • verbesserte und direkte Ansprache der Zielgruppe • Möglichkeit von hoher Individualität der Werbung • Fan sieht das, was er sehen soll
Digital seating	• gute Refinanzierungsmöglichkeiten durch Sponsoring • höhere Zufriedenheit der Fans durch Einfachheit und guten Service • höhere Nachhaltigkeit in Bezug zur vorherigen Sitzplatzzuweisung aus Papier	• verbesserte Serviceleistung für Fans ohne höhere Kosten • erleichterte Orientierung im Stadion • Verkürzte Wartezeiten durch verbesserte Auslastung der verschiedenen Eingänge	• neue Werbeflächen auf Overlay zahlreicher Bildschirme • Sponsoring von Tablets und Bildschirmen als Sachleistung • zielgruppenbasiertes Sponsoring durch Werbung im VIP-Bereich, Gästefans, etc.
Catering Service	• höhere Verkaufseinnahmen durch hohe Nachfrage • gleichzeitige Nutzung des WLAN's und der Spieltagsapp • höhere Zufriedenheit der Fans durch Einfachheit und Lieferservice	• verbesserte Serviceleistung für Fans ohne höhere Kosten • Mehrwert durch kurzfristige Rabatte für Essen und Getränke durch Tore-„Streak" • verkürzte Wartezeit und hoher Komfort durch Lieferung der Produkte	• neue Werbeflächen in der Catering-Sektion der Spieltags-App • Sponsoring von Vergünstigungen durch Durchsage im Stadion und Leinwand • zielgruppenbasiertes Sponsoring, durch Werbung für VIP's, Gästefans und Heimfans
Spieltagsapp	• durch Catering-Service höhere Nutzung der Spieltagsapp • direkte Kommunikation zu den eigenen Fans über digitale Kanäle • Einnahmen durch kostenpflichtige Inhalte oder Sponsoring	• abrufbare Stadion- und Parktickets in der App • Nutzung des Catering-Services und des digital seating • Möglichkeit von direkter Kommunikation mit anderen Fans über Spieltagsapp	• Durchführung von Tippspielen und Sponsoring von Gewinn • Nutzung von Bannern, mobile Ad's oder „presented by" • Einbauen von Affiliate-Links die nur am Spieltag gültig sind

15

5 Literaturverzeichnis

Bach, L. (2004). Nutzung von Sportstätten - Formen der Nutzung und Analyse der Auslastung. In L. H. (Hrsg.), *Sportstätten-Management. Neue Wege für vereinseigene und kommunale Sportstätten (Zukunftsorientierte Sportstättenentwicklung, Bd. 6, 1. Aufl.)* (S. 97-112). Frankfurt: Meyer und Meyer.

Bach, L. (2011). *Sportstätten-Management - eine Gemeinschaftsaufgabe im Sport.* 7. Landessportkonferenz des Landes Brandenburg, Potzdam.

Bea, F., Scheurer, S., & Hesselmann, S. (2011). *Projektmanagement (Grundwissen der Ökonomik, Bd. 2388, 2. Aufl.).* Stuttgart: UTB.

Bielzer, L. (2011). Nachhaltigkeit bei Sport- und Veranstaltungsimmobilien - Historie, aktueller Stand und Perspektiven bei ausgewählten Imobilienclustern. In L. Bielzer, & R. Wadsack, *Betrieb von Sport- und Veranstaltungsimmobilien. Managemnetherausforderungen und Handlungsoptionen (Blickpunkt Sportmanagement, Bd. 3, 1. Aufl.)* (S. 147-176). Frankfurt am Main: Peter Lang.

Birker, K. (1997). Betriebswirtschaftslehre. In K. Birker, *Teismann/Birker - Handbuch praktische Betriebswirtschaft (2. erweiterte Aufl.)* (S. 1-191). Berlin: Cornelsen.

Bundesinstitut für Sportwissenschaft. (2000). *Leitfaden zur Sportstättenentwicklungsplanung.* Schorndorf: Karl Hofmann.

Bundesministerium des Innern, für Bau und Heimat. (2019). *Sport, Bundesministerium des Innern für Bau und Heimat.* Zugriff am 03.06.2019. Verfügbar unter https://www.bmi.bund.de/DE/themen/sport/sport-node.html.

Burghardt, M. (2013). *Einführung in Projektmanagement. Definition, Planung, Kontrolle, Abschluss (6., überarbeitete und erweiterte Aufl.).* Erlangen: Publicis Publishing.

Christen, J. (2004). Public Private Partnership - Rolle und Bedeutung für Sportstätten. In L. H. (Hrsg.), *Sportstätten-Management. Neue Wege für vereinseigene und kommunale Sportsstätten (Zukunftsorientierte Sportstättenentwicklung, Bd. 6, 1.Aufl.)* (S. 51-56). Frankfurt: Meyer und Meyer.

Grewe, K. (2012). *Das Projektmanagement der Olympischen Spiele 2012 in London. ProjektMagazin (01).* Zugriff am 03.06.2019. Verfügbar unter https://www.projektmagazin.de/artikel/das-projektmanagement-der-olympischen-spiele-2012-london_1061676.

Hauff, M., & Kleine, A. (2009). *Nachhaltige Entwicklung. Grundlagen und Umsetzung.* München: Oldenbourg.

Kuster, J., Huber, E., Lippmann, R., Schmid, A., Schneider, E., & Witschi, U. (2011). *Handbuch Projektmanagement (3., erweiterte Aufl.).* Berlin [u.a.]: Springer.

Ministerium für Familie, Kinder, Jugend, Kultur und Sport des Landes Nordrhein-Westfalen. (2012). *Breitensport in NRW, Ministerium für Familie, Kinder, Jugend, Kultur und Sport des Landes Nordrhein-Westfalen.* Verfügbar unter http://www.sportland.nrw.de/sportpolitik/breitensport-in-nrw.html.

Neuerburg, H.-J., & Wilken, T. (2010). Nachhaltige Sportgroßveranstaltungen. In D. O. Sportbund, *Nachhaltige Sportgroßveranstaltungen. Dokumentation des 19. Symposiums zur nachhaltigen Entwicklung des Sports* (S. 5-8). Bodenheim.

Olfert, K. (2006). *Organisation (14., überarbeitete und aktualisierte Aufl.).* Ludwigshafen: Kiehl.

Olfert, K. (2008). *Kompakt-Training Projektmanagement (Kompakttraining Praktische Betriebswirtschaft, 6. Aufl.).* Ludwigshafen (Rhein): Kiehl.

Pundt, G., Partecke, I., & Pauer, C. (2014). Connected Stadium - mit Mobilfunk, Apps und Wlan in die Zukunft. *Stadionweltinside (1)*, 44-51.

Rütten, A., Hübner, H., Wetterich, J., Wopp, C., Klages, A., & Stucke, N. (2010). *Memorandum zur kommunalen Sportentwicklungsplanung.* Deutsche Vereinigung für Sportwissenschaft (dvs) e.V. Verfügbar unter https://www.sportwissenschaft.de/fileadmin/pdf/download/Memorandum_Sportentwic klungsplanung_2010.pdf.

Schmied, M. (2010). Umweltverträglichkeit von Sportgroßveranstaltungen. In D. O. Sportbund, *Nachhaltige Sportgroßveranstaltungen. Dokumentation des 19. Symposiums zur nachhaltigen Entwicklung des Sports* (S. 9-16). Bodenheim.

Wöhe, G., & Döring, U. (2010). *Einführung in die Allgemeine Betriebswirtschaftslehre (24., überarbeitete und aktualisierte Aufl.).* München: Vahlen.

6 Abbildungs- und Tabellenverzeichnis

6.1 Abbildungsverzeichnis

6.2 Tabellenverzeichnis